NOTICE

Sur les Ouvrages et les Travaux de **M. L.-L. Vallée,** *officier de la Légion d'honneur, Inspecteur général des Ponts et Chaussées en retraite, rédigée à l'appui de la candidature qu'il sollicite auprès de l'Académie des Sciences pour remplir la vacance ouverte par le décès de* **M. Sturm.**

NOTICE

Sur les Ouvrages et les Travaux de M. L.-L. Vallée, officier de la Légion d'honneur, Inspecteur général des Ponts et Chaussées en retraite, rédigée à l'appui de la candidature qu'il sollicite auprès de l'Académie des Sciences pour remplir la vacance ouverte par le décès de M. Sturm.

(20 Janvier 1856.)

I. — OUVRAGES PUBLIÉS.

Traité de la Géométrie descriptive; in-4° avec atlas de 67 planches, et avec le Rapport de M. Arago du 18 mai 1818; 2ᵉ édition.

Traité de la science du Dessin; in-4° avec atlas de 56 planches, et avec le Rapport de M. Arago du 19 mars 1821; 2ᵉ édition.

Spécimen de Coupe des Pierres; in-4°, avec 16 planches (1827-1853).

Procédé pour calculer les déblais et les remblais (*voir* la page 13).

Mémoire *sur les réservoirs d'alimentation des canaux* (1833).

Note sur la possibilité d'emprunter au lac de Genève, au moyen d'un barrage, la quantité d'eau nécessaire pour rendre le Rhône navigable au printemps et en automne (*Compte rendu des séances de l'Académie*, 1ᵉʳ février 1841).

Lettre à M. Arago sur un réservoir à créer dans le lac de Genève, etc. (*Compte rendu*, 6 septembre 1841).

Du Rhône et du lac de Genève; un vol. in-8°, avec une planche (1843).

Note sur le jaugeage des eaux qui alimentent le lac de Genève par le fond et par la surface (*Compte rendu*, 28 octobre 1844).

Note sur les ladières du lac de Genève, sur les seiches et sur les raz-de-marée (*Compte rendu*, 19 mai 1851).

Exposé général des études faites pour le tracé des chemins de fer de Paris en Belgique et en Angleterre et d'Angleterre en Belgique; un vol. in-4°, avec 4 planches (1837).

Mémoires *sur la vision* présentés à l'Académie :

> Ier Mémoire; 1839, 1er semestre;
> IIe Mémoire; 1841, 2e semestre;
> IIIe Mémoire; 1842, 1er semestre;
> IVe Mémoire; 1845, *id.*;
> Ve Mémoire; 1847, *id.*;
> VIe Mémoire; 1847, 2e semestre;
> VIIe Mémoire; 1850, 1er semestre;
> VIIIe Mémoire; 1851, 2e semestre;
> IXe Mémoire; 1852, 1er semestre;
> Xe Mémoire; 1852, *id.*;
> XIe Mémoire; 1852, *id.*;
> XIIe Mémoire; 1852, 2e semestre;
> XIIIe Mémoire; 1852, *id.*;
> XIVe - XVIIIe Mémoires; 1853, 1er semestre.

Le Rapport de l'Académie sur le Ier Mémoire est de 1840. Elle a ordonné, après discussion, une insertion partielle de ce Mémoire dans le *Recueil des Savants étrangers*. En 1846, elle a fait des remercîments et donné des encouragements à l'auteur pour le IVe. Il n'a point été fait de

Rapport sur les IIe et IIIe, parce que, quatre à cinq ans s'étant écoulés depuis la présentation, l'auteur les avait publiés dans des livraisons qui composent l'ouvrage suivant.

Théorie de l'OEil ; un vol. in-8°, avec six planches (1844-1846), contenant les quatre premiers Mémoires.

Mémoires V^e et VIe, imprimés dans le *Recueil des Savants étrangers*.

Mémoires VIIe et VIIIe. L'insertion dans le précédent recueil est ordonnée, et ces Mémoires doivent faire partie du volume qui s'imprime.

Il n'a pas été fait de Rapport sur les dix autres Mémoires. Ils formeraient deux gros volumes in-8° que l'auteur ne pourrait faire imprimer à ses frais. Afin que des expériences longues et difficiles ne soient pas perdues pour la science, ainsi que des théories sur lesquelles rien encore n'est publié, l'auteur projette de s'adresser à l'Académie dès qu'un autre ouvrage dont il s'occupe sera terminé.

Précis sur l'OEil et la Vision (1854).

Cours sur l'OEil et la Vision ; un vol. in-8°, avec deux planches (1854).

Améliorations à introduire dans les Ponts et Chaussées (1829).

De l'aliénation des canaux (1829).

Des voies de communication, considérées au point de vue de l'intérêt public (1836).

Concession des Chemins de fer de Paris en Belgique (1837).

De trois lois a faire sur les travaux publics (1838).

Changements d'organisation des Ponts et Chaussées et de l'École Polytechnique ; un vol. in-8° (1848-1851).

NOTE sur plusieurs théorèmes relatifs aux systèmes de droites situées dans l'espace, et sur les deux Mémoires d'optique de Malus (*Compte rendu*, 2 janvier 1854).

II. — TRAVAUX SCIENTIFIQUES.

1°. *Géométrie.*

La Géométrie descriptive était une science encore fort incomplète en 1819, époque où l'auteur a publié son Traité; il s'est proposé de la compléter, ce qui exigeait qu'il résolût un grand nombre de questions pour les solutions générales. On ne s'était guère occupé que des surfaces gauches ordinaires; il a traité des surfaces gauches à plans directeurs et à surfaces directrices.

Il a généralisé et développé la représentation des surfaces courbes, la construction de leurs intersections, celle des contours de leurs parties vues et cachées, celle de leurs tangentes et de leurs asymptotes, la construction des plans tangents et celle du développement des surfaces.

On peut dire que la théorie géométrique des enveloppes n'était pas comprise; car l'illustre Monge ne pouvait pas justifier d'une manière générale la dénomination d'*arête de rebroussement* qu'il avait si justement attribuée au lieu des points consécutifs d'intersection des caractéristiques. M. Vallée a complété la science sous ce rapport important, et il a donné sur les rayons de courbure des lignes et des surfaces, sur les lignes de courbure et sur les développées des détails étendus qui permettent de connaître ces questions à fond sans le secours de l'analyse.

Les auteurs qui ont écrit depuis lui, ont puisé largement dans ses ouvrages, et presque toujours sans le nommer; mais, s'ils se sont ainsi approprié une partie de son travail, c'est une preuve de leur estime pour son Traité.

Une Commission composée de MM. de Prony, Fourrier,

Arago, rapporteur, en a rendu compte à l'Académie dans un Rapport du 18 mai 1818. Voici les dernières lignes de ce Rapport :

« Il nous a paru que le Traité de M. Vallée est digne,
» sous tous les rapports, de l'approbation de l'Académie.
» Il est à désirer que cet habile ingénieur puisse trouver
» dans les encouragements du gouvernement, les moyens
» de livrer son ouvrage à l'impression, et qu'il achève
» ceux dont il s'est déjà occupé et qui doivent contenir
» les applications de la géométrie descriptive à l'art du
» charpentier et à celui du tailleur de pierres. »

La première édition diffère peu de la seconde ; cependant on a utilisé dans celle-ci les *Développements de géométrie* de M. Ch. Dupin et le *Traité des propriétés projectives* de M. Poncelet.

Au nombre des théorèmes établis par M. Vallée, il faut mettre les deux suivants (*voir* le *Compte rendu*, année 1854, 1er semestre, p. 18).

Théorème. Il y a deux genres de systèmes de droites situées dans l'espace : 1º celui des droites consécutives qui, en général, se coupent dans deux sens et ne se coupent pas dans les autres sens : ce sont des droites normales à une surface et assujetties aux lois connues des normales ; 2º celui des droites consécutives qui ne se rencontrent, en général, dans aucun sens.

Malus, dans son premier Mémoire d'optique, a dit positivement que tous les systèmes possibles de droites étaient compris dans le premier genre : c'est une erreur.

M. Sturm, adoptant l'erreur de Malus, a cru qu'il pouvait admettre que les rayons réfractés dans un œil, par les couches du cristallin, ne pouvaient être que des droites du premier genre : c'est aussi une erreur ; il en sera parlé plus loin (page 8).

La question de transformer un système de droites normales à une surface en un autre système de même sorte, par le brisement de ces normales à leur rencontre par une surface convenablement déterminée a été traitée par l'auteur. Elle constitue sa théorie des *optoïdes* (*voir* les Mémoires imprimés dans le tome XII du *Recueil des Savants étrangers*). Il a toutefois borné cette théorie à deux cas (le brisement suivant la loi de la réflexion et le brisement selon celle de la réfraction), dont il avait besoin pour la théorie de l'œil, à laquelle s'appliquent les optoïdes, ainsi que l'indique le nom qu'il leur a donné.

En partant du cas de droites divergeant d'un point, situées dans un plan, brisées dans ce plan et arrivant à un autre point, l'intégration de l'équation différentielle des droites brisées lui a donné, en coordonnées rectangulaires, une équation du quatrième degré. La discussion lui a fourni toutes les formes de la courbe, et il a donné ses propriétés principales en traitant les questions soit au moyen des coordonnées rectangulaires, soit au moyen des coordonnées polaires.

2°. *Physique et Géométrie.*

On avait beaucoup écrit sur les ombres, la perspective, les images d'optique et la perspective aérienne, cependant on trouve un grand nombre de choses neuves dans les chapitres du *Traité de la science du Dessin* relatifs aux ombres dues à des corps lumineux, aux pénombres, à la méthode des points de concours, à la question de déterminer les perspectives des lignes connues par leurs équations, à la perspective dans le cas des tableaux courbes, des décorations théâtrales et des panoramas, aux ombres des perspectives, aux questions nouvelles appelées par l'auteur *Problèmes inverses de la perspective*, aux points brillants et aux images brillantes des lignes et des surfaces, aux *lignes d'éclat* qui, sur les surfaces développables, tiennent lieu des images brillantes (circonstance qu'on n'avait pas remarquée), à la construction des images réfléchies et réfractées, aux causes générales de la visibilité et à celles de la vision.

Dans le Rapport de MM. de Prony, Fourrier et Arago, approuvé par l'Académie, on trouve une preuve des peines que l'auteur s'est données pour rendre son ouvrage utile. Voici un passage de ce Rapport :

« Le recueil des planches qui accompagne l'ouvrage a » été fait par M. Vallée lui-même et sera un véritable » modèle de travail graphique. Des données heureusement » choisies, des solutions curieuses et inattendues, les » constructions quelquefois assez compliquées qui les ont » fournies, se groupent sans confusion dans des espaces » très-resserrés. »

L'auteur s'est principalement proposé dans cet ouvrage de compléter la science et de la mettre à la portée d'un grand nombre de lecteurs, sans employer d'autre voie que celle des considérations géométriques, dont M. Dupin a tiré un si grand parti en généralisant le travail de Malus sur les rayons réfléchis ou réfractés une fois seulement, lequel déjà avait été étendu par M. Cauchy à une seconde réflexion ou réfraction.

M. Vallée a démontré géométriquement et d'une manière très-simple, dans le deuxième des Mémoires insérés dans le t. XII du *Recueil des Savants étrangers*, le beau théorème de Malus, et il a établi, dans le même Mémoire, une autre propriété importante que voici :

Théorème. R étant un point rayonnant, F étant un foyer, S_1, S_2, S_3,... étant des surfaces réfléchissantes ou réfringentes quelconques, on peut toujours construire une de ces surfaces, sans qu'elle cesse de passer par un de ses points, de telle sorte que tous les rayons émanés du point R et brisés par les surfaces en question concourent tous au foyer F.

M. Vallée, dans son *Cours sur l'œil et la vision*, a démontré

(p. 254) cette autre propriété qui est une extension nouvelle du théorème de Malus.

Théorème. Si, dans le théorème de Malus généralisé, on substitue à l'une des surfaces réfléchissantes et réfringentes traversées, un corps organisé par couches infiniment minces avec des indices variant selon une loi donnée, à l'imitation de ce qui s'opère dans le cristallin de l'œil, les rayons émergents seront soumis aux conditions déterminées par Malus.

On remarquera que M. Sturm, adoptant la fausse idée de Malus relevée plus haut (page 5), n'a pas pensé que ce théorème exigeait une démonstration. C'est une erreur de ce grand géomètre.

3°. *Géométrie appliquée aux constructions.*

L'auteur, en sortant de l'École Polytechnique, écrivit d'abord un *Traité complet de la Coupe des Pierres.* Cet écrit est resté en manuscrit, parce qu'il exigeait de nombreuses notes qui ont amené M. Vallée à faire préalablement un *Traité complet de Géométrie descriptive,* et parce que, depuis, ses occupations d'ingénieur et ses autres travaux l'ont empêché de reprendre la coupe des pierres.

Il s'est borné à la publication de son *specimen*, dans lequel les idées fondamentales de la science du trait sont exposées avec détail.

4°. *Physique du globe.*

Les travaux publics auxquels l'auteur a été attaché l'ont conduit à l'étude du régime de plusieurs fleuves et rivières et notamment du Rhône. Il a jaugé ce fleuve et tous les affluents du lac de Genève à leur entrée dans ce lac, et il a trouvé qu'ils ne fournissent qu'environ un quart en été et un tiers en hiver des eaux qu'il dégorge à Genève; d'où il suit qu'il est alimenté nécessairement par des sources de fond, lesquelles donnent une masse d'eau des trois quarts aux deux tiers de son produit en amont de l'Arve (*Compte rendu,* 28 octobre 1844). C'est un fait d'un haut intérêt. Ce fait a conduit M. Vallée à l'explication des *ladières* du Léman et à une nouvelle explication des seiches (*Compte rendu,* 19 mai 1851), qui n'a de commun avec celle qu'il avait d'abord donnée, que l'alimentation du lac par des sources de fond.

Ces questions ont été, pour l'auteur, l'objet de calculs d'un exemple utile. Elles l'ont amené peu à peu à des vérités intéressantes. Les déboisements, les défrichements, les endiguements, les inondations, les changements de régime des fleuves, sont l'objet de notes et d'appréciations consignées dans son ouvrage sur le Rhône et le lac de Genève.

5°. *Économie publique et administrative.*

Pendant la longue carrière de l'auteur, des questions graves d'économie publique ont été soulevées ; il avait été à même d'apprécier beaucoup de faits, et lorsque ces faits lui ont paru mériter qu'on les pesât, il a cru devoir les livrer à la publicité. Partout ses vues découlent de ce principe : Féconder la France en diminuant les entraves du commerce par l'application du calcul, autant qu'on le peut, à toutes les questions, afin que le gouvernement bien secondé ait en force et en moralité toute la vigueur possible.

Dans l'écrit sur les *voies de communication,* etc., il considère ce qu'il appelle le *revenu direct* produit par les péages, le *revenu* fiscal dû à toutes les sources de l'impôt, et le *revenu territorial* qui tient à l'accroissement de la fortune publique ; puis, appliquant le calcul au canal du Centre, il montre que le péage en général est une combinaison mal entendue dans l'intérêt du pays. Cette vérité se reproduit sous beaucoup de formes dans les divers écrits dont il s'agit.

Le dernier (*Changements d'organisation,* etc.), publié par livraisons à une époque où la divergence des idées menaçait l'École Polytechnique et tous les corps savants de modifications à son avis nuisibles à la bonne gestion des services militaires et civils, il a montré que l'organisation primitive de cet établissement était exempte des inconvénients qu'on lui reproche depuis le casernement; que l'enseignement était alors plus profitable, et qu'il conviendrait de revenir aux idées qui avaient, sous le patronage de Monge, présidé à la fondation de l'École d'abord connue sous le nom d'*École des travaux publics*. Examinant ensuite le service des Ponts et Chaussées, quant à l'administration, quant à la distribution des opérations de service, quant aux grades nécessaires des ingénieurs, quant aux travaux, quant à l'avancement, quant à la comptabilé, il a établi ou tâché d'établir les conditions d'une bonne organisation de ce corps. Il s'est notamment appliqué à faire voir avec détail combien il serait aisé de chiffrer chaque année la valeur des fonctionnaires, et par là de donner les avancements, dans chaque corps, avec une justice qui stimulerait le zèle et qui ferait évanouir, ou du moins qui réduirait immensément le gaspillage énorme et corrupteur dont le budget se grossit infiniment plus qu'on ne le croit généralement.

6°. *Théorie de la vision.*

La question traitée dans la SCIENCE DU DESSIN est celle de tromper l'œil par des images, des dessins, des peintures, des perspectives et des représentations diverses des objets; elle exige, par conséquent, pour être traitée à fond, l'étude de la vision. Aussi l'auteur s'est-il occupé constamment de cette étude depuis près de cinquante ans.

Dans un Mémoire présenté à l'Académie en 1821, il faisait voir que, contrairement à l'opinion des physiciens, notamment de M. Hachette (*Programme d'un Cours de Physique*), lesquels supposaient un point vu par réflexion ou par réfraction sur la caustique non linéaire, tandis qu'il doit être sur la caustique linéaire, et il exposait, dans ce Mémoire, la théorie nouvelle de l'œil dont M. Babinet a parlé depuis avec estime dans son Rapport à l'Académie (séance du 4 mai 1846). Toutefois, il ne fut donné aucune suite à ce Mémoire, parce que M. Arago, qui était le rapporteur, le trouvant en opposition avec la théorie de Young, ne pensait pas qu'on dût accueillir les idées de M. Vallée. Quant aux images réfléchies et réfractées, ces idées semblent être aujourd'hui hors de contestation, d'après le second des Mémoires insérés dans le *Recueil des Savants étrangers.*

La *Science du Dessin,* publiée aussi en 1821, reproduit les vues exposées dans le Mémoire présenté à l'Académie en 1821; mais le Rapport de M. Arago (19 mars 1821) motive un ajournement pour tout ce qui, dans cet ouvrage, se liait à la vision.

L'auteur, d'après cela, ne pouvait plus reparaître devant l'Académie, relativement à la théorie de l'œil, qu'avec des documents où, par le calcul, il aurait justifié de l'utilité de ses recherches. Il se passa dix-huit ans avant qu'il pût trouver des données suffisamment admissibles pour mériter l'attention des savants. Mais, de 1839 à 1853, il a présenté ses dix-huit Mémoires avec une persévérance de travail que beaucoup de personnes ont louée.

Malgré le succès des huit premiers Mémoires, les Rapports sur les dix derniers n'étant pas faits, M. Vallée, avec un zèle qui ne sera pas contesté, a publié son *Cours sur l'Œil et la Vision.* Cet ouvrage, pour qu'il fût utile, devait être aussi élémentaire que possible; cependant il établit incontestablement la vraie théorie de l'œil, et repousse, comme non recevables, non-seulement les théories de Young et de M. Lehot, mais celle de M. Sturm. Et M. Vallée, dans cet ouvrage, ne se borne pas à traiter les questions de vision à toute distance et d'achromatisme qui, depuis Kepler, ont presque exclusivement occupé sur cette matière Descartes, Newton, Petit, Jurin, Euler, d'Alembert, Young, Home, Sœmmering et Dulong; il traite, en

outre, en s'appuyant sur beaucoup d'expériences qu'il a
faites :

De la vision dans toutes les directions obliques à l'axe;

Des yeux des animaux qui voient de côté;

De l'utilité du peigne chez certains oiseaux;

De la vision des noctambules;

Des causes de l'irradiation;

De la vision des astres;

De la scintillation, qui ne lui paraît pas due à des inter-
férences et qu'il explique tout autrement que M. Arago;

Des causes de la vision en général;

Des causes de la visibilité;

De toutes les causes qui aident la vue;

De la petitesse des yeux des gros animaux (note X);

De la faculté d'aligner (note XV), etc., etc.

Il suit de là que la vision a subi plus de changements
entre ses mains qu'elle n'en avait éprouvé depuis Kepler.

III. — TRAVAUX DES PONTS ET CHAUSSÉES.

1°. *Canal de la Sensée.*

Vauban s'était occupé de ce canal, et, pour la défense
de Douai, il avait fait exécuter une dérivation de la Sensée
dans la Scarpe, allant des marais d'Arleux à Courchelettes.
La question était de joindre l'Escaut à la Scarpe pour compléter la ligne navigable de Paris, par Saint-Quentin, à
Lille et à Dunkerque.

M. Vallée fut chargé des opérations relatives à un projet
qu'on regardait comme approuvé et qui, des marais d'Arleux à l'Escaut, coupait le coteau de Brunemont au nord-
ouest de ce village et se dirigeait sur le bassin rond par la
rive gauche de la Sensée. Les nivellements et l'examen du
terrain montrèrent à M. Vallée que ce projet avait de grands

défauts et qu'il fallait reprendre la question et comparer toutes les solutions qu'elle pouvait comporter. Après avoir établi que le marais d'Arleux était un point obligé, M. Vallée examina tous les tracés proposables de ce marais à la Scarpe, d'une part, et à l'Escaut, d'autre part. Parmi ces tracés, l'un était de niveau des marais à la Scarpe et l'autre des mêmes marais à l'Escaut. Plus tard, M. Cordier fit de ces deux projets ce qu'il appela *son projet de niveau.* M. Vallée présenta, comme devant être préféré, un projet qui allait d'Arleux à l'Escaut par la rive droite de la Sensée, et qui avait un de ses biefs élevé d'une écluse au-dessus des marais. Un autre projet fut refait sur la rive gauche, et ce projet fut approuvé par le Conseil des Ponts et Chaussées.

Mais, dans les conférences subsidiaires avec le Génie, le projet de M. Vallée fut défendu comme préférable sous le rapport militaire, et l'on remit la question sur le tapis avec le projet de niveau de M. Cordier. Ce dernier projet fut approuvé. Les événements politiques forçaient toutefois d'ajourner l'exécution.

En 1818, M. Cordier proposa une concession. On examina de nouveau les projets, et on revint cette fois au projet de M. Vallée, qui s'était tenu absolument étranger à tous les débats de 1810 à 1818. La concession fut faite, et l'auteur fut chargé de faire les tracés, de faire les projets des travaux d'art, et de traiter de gré à gré avec les propriétaires pour l'achat des terrains. Il prit possession de ce nouveau service en mai 1818, et M. Cordier fit la réception du canal en octobre 1820. Ce canal a 26000 mètres environ de longueur et comprend quatre écluses à sas, non compris les écluses d'Iwry, de Courchelettes et de Lambres, qui faisaient partie de la même concession.

C'est à l'occasion des projets dont il s'agit que M. Vallée a trouvé le procédé de calcul des déblais et des remblais qu'il a appliqué à ces projets. Ce procédé, depuis, est devenu usuel.

2°. *Travaux de navigation de Douai* (1821).

Ces travaux ont été exécutés à la suite de ceux du canal de la Sensée. M. Vallée les a commencés et achevés du mois d'avril au mois de novembre 1821. Ils comprennent 300 mètres de rivière canalisée, avec murs de quai, un sas, avec pont-levis, et deux ponts tournants. Le projet exécuté n'est pas celui qui avait été approuvé. Ce dernier a été changé totalement, M. Vallée ayant dû prendre sur lui, vu l'urgence et malgré quelques oppositions, de donner 10 mètres au lieu de 6 aux quais, 18 mètres de largeur au canal d'amont au lieu de 12, de mettre sur la rive droite les culées des deux ponts tournants et non sur la rive gauche, de substituer un pont-levis à un pont tournant sur le sas, de faire des voûtes d'écoulement dans les culées des ponts tournants, etc. Il a reçu pour ces changements, après la rapide exécution qui eut lieu, les félicitations de l'administration et de la ville de Douai, qui en a fait mention sur ses registres.

Le pont-levis du sas a été construit dans un système nouveau qui permet de le mettre en équilibre par la simple manœuvre de deux écroux.

3°. *Pont de Berry-au-Bac*.

Ce pont, situé sur l'Aisne, à la rencontre de la route de Laon à Reims, a été fondé par des procédés fort simples qui n'étaient pas en usage, et qui sont décrits dans la collection lithographique publiée en 1817 par les Ponts et Chaussées.

4°. *Projets de navigation de l'Aisne et de la Meuse*.

Le premier de ces projets s'étend du département des Ardennes au confluent de l'Aisne et de l'Oise. Ce projet, avec un canal latéral dans sa partie supérieure, a servi de base à l'exécution. Le second s'étend de Pagney-sur-Meuse à la frontière de Belgique. La partie de Pagney à Verdun a été ajournée; mais on a exécuté beaucoup de travaux en aval de Verdun, notamment la dérivation avec écluse à sas en amont de Mézières. La longueur des deux vallées à canaliser était ensemble d'environ 320 kilomètres. Les deux projets présentaient le jaugeage, en basses eaux, de tous les affluents; ces deux projets s'élevaient à la somme d'environ 16 millions et ils avaient coûté un an d'étude.

5°. *Canal du Centre.*

M. Minard, ingénieur en chef, auquel a succédé M. Vallée pour la gestion du canal du Centre, avait remédié aux filtrations considérables de Vertempierre, et l'adjudication de l'étang du Villé était au moment de se faire. M. Vallée, redoutant des ruptures de digues, qui se justifièrent bientôt par celle de l'étang Berthaud, proposa pour le Villé un système différent de celui qui était approuvé; puis il montra qu'il fallait aller plus loin, et renoncer à ce dernier étang en lui préférant l'exécution d'un canal en dehors de l'étang de Montchanin, avec divers autres ouvrages qui donneraient beaucoup plus d'eau à un moindre prix, et procureraient en outre de notables avantages de navigation. Ces projets furent successivement approuvés et exécutés.

En même temps, M. Vallée remplaçait les clapets des sas par des ventelles d'un nouveau système, lesquelles étaient parfaitement étanches et donnaient le moyen de calculer les eaux qu'elles faisaient passer, selon qu'on les levait plus ou moins. En conséquence, un compte hebdomadaire fut fait des eaux reçues dans les étangs, des eaux en réserve et des eaux dépensées. Dès lors on cessa de naviguer par convois, et la navigation changea de face par une grande économie d'eau.

Parmi les obstacles qu'elle présentait encore, se trouvait celui des ruptures fréquentes du canal à l'endroit du ruisseau de Villeneuve. M. Vallée y remédia par des ouvrages qui portaient à 1000 mètres plus bas environ le confluent de ce ruisseau et de la Dheune. Ces ouvrages ayant parfaitement réussi, le confluent dont il s'agit, et celui de plusieurs autres ruisseaux, se trouve maintenant au-dessous de Dennevis, c'est-à-dire à 20 kilomètres environ au-dessous de l'écluse de Villeneuve.

Une autre difficulté de la navigation tenait au peu de longueur des biefs à l'endroit dit des Sept-Écluses, et à l'inconvénient d'employer le canal comme dérivation d'eau durant une partie considérable des jours d'été, ce qui suspendait la navigation pendant ces heures. M. Vallée fit exécuter, le long des sept écluses, une rigole de dérivation qui porte les eaux des étangs dans le canal, en aval de la huitième écluse. Cette rigole, afin que les talus soient préservés de toute érosion, présente pour chaque chute d'écluse quatre barrages, rachetant chacun une chute de $0^m,65$. L'écoulement s'opère de l'eau dans l'eau, pour trois de ces barrages sur quatre, au moyen de buses, et pour le quatrième par un déversoir tirant ses eaux d'un bassin commun à la rigole et au canal. Par là, les biefs courts se trouvent agrandis, chacun, de la superficie du bassin correspondant, et quand un bief s'est vidé par le tirage d'une ou plusieurs éclusées d'eau, le déversoir cesse de servir, et le courant de la rigole remplit ce bief; après quoi, et sans aucune manœuvre, le déversoir reprend de lui-même sa fonction.

L'exécution de ces ouvrages a établi, pour un canal à point de partage d'une alimentation difficile présentant des biefs courts, les principes ci-après :

PREMIER PRINCIPE. — Le service doit être tel que des feuilles tenues par les éclusiers donnent pour chaque jour la quantité d'eau qui a franchi son écluse, de façon que, à la fin de chaque semaine, on connaisse par la confrontation des feuilles les eaux tirées des réservoirs, les eaux reçues des affluents, les pertes dues à des filtrations insolites, les fautes faites par les éclusiers et l'état des réserves.

DEUXIÈME PRINCIPE. —La ligne navigable ne doit, en

général, traverser aucun réservoir, surtout si ce réservoir est susceptible de se remplir plusieurs fois en été.

TROISIÈME PRINCIPE. — Au lieu d'établir les réservoirs de façon qu'ils donnent leurs eaux dans le bief de partage, comme on l'a fait à peu près jusqu'à présent, pour qu'elles soient dérivées par le canal dans les biefs inférieurs, il faut disséminer ces réservoirs le long de la ligne navigable, de manière que le canal ne serve jamais de voie de dérivation.

QUATRIÈME PRINCIPE. — Si le canal a des biefs courts, et surtout des biefs courts consécutifs, il faut remédier à cet inconvénient, autant que possible, par un ouvrage comme celui des Sept-Écluses du canal du Centre, ouvrage établi en 1831.

La rupture de la digue de l'étang Berthaud (1829) ayant été suivie par l'éboulement du perré de l'étang de Torcy (1831), les prévisions de M. Vallée, dans les modifications qu'il avait proposées et qui avaient été approuvées, se trouvèrent justifiées, et la question à résoudre fut de projeter les nouveaux travaux de manière qu'on n'eût plus à redouter de pareils désastres. M. Vallée proposa *le système des perrés à gradins et à zones indépendantes* décrit dans son *Mémoire sur les réservoirs d'alimentation des canaux.*

L'étang Berthaud a été rétabli et ensuite exhaussé selon ce système, qui a parfaitement réussi.

Mais la possibilité d'exécuter solidement les travaux parut si grande au Conseil des Ponts et Chaussées, qu'il rejeta le système et qu'un système peu différent de l'ancien fut approuvé. La saison était avancée et il devint impossible de faire les travaux prescrits. M. Vallée annonça que, pour ne pas priver l'État d'une recette annuelle plus forte que la dépense à faire, il procédait à l'établissement de son système. Ordre lui fut donné de s'arrêter. Il motiva plus fortement ses observations et continua. Nouvelle défense lui fut faite et le préfet (M. Saladin) fut chargé de venir sur les lieux, d'où M. Vallée ne désemparait pas, pour suspendre les travaux. Le préfet ne crut pas devoir agir ainsi : l'Administration donna les fonds nécessaires pour opérer ; mais un jugement de blâme fut prononcé par le Conseil contre M. Vallée. Toutefois les travaux étaient alors terminés depuis plusieurs mois, le Mémoire précité fut mis dans les *Annales*, et le Conseil des Ponts et Chaussées, mieux éclairé, approuva en toute liberté de choix le nouveau projet de M. Vallée, pour l'exhaussement de l'étang Berthaud, dans le système qui avait été repoussé. Aujourd'hui, après ving-deux ans d'exécution, la réussite de ce système est parfaitement établie.

6°. *Tracés des chemins de fer du Nord opérant la liaison de Paris avec la Belgique et l'Angleterre.*

Les études faites par M. Vallée, de 1833 à 1837, sont consignées dans son Exposé général *des études*, etc. Il a de plus étudié, de 1837 à 1839, de nouvelles lignes, comme celles de Clermont à Saint-Quentin, de Saint-Just à Saint-Quentin, d'Amiens à Abbeville par la rive gauche de la Somme, de Douai à Valenciennes, d'Arras à Lille par Douai, de Boulogne à Calais par divers lieux, d'Arras à Béthune, de Lille à la frontière belge, à Calais et à Dunkerque, etc. Les fonds pour un grand nombre de ces tracés ont été donnés par les villes intéressées (Boulogne, Saint-Quentin, etc.), lesquelles, bien que M. Vallée eût formulé des propositions qui ne leur étaient pas favorables, avaient confiance en lui. Il a fait ces études gratuitement et plusieurs des villes dont il s'agit ont mentionné leurs remercîments sur les registres de leurs séances.

La question de trouver entre ces nombreux tracés les lignes à préférer était fort difficile, parce qu'on manquait de précédents sur cet objet. On peut voir dans l'Exposé *des études* comment cette question a été traitée, et notamment, comment la supériorité du tracé de Paris à Lille par Amiens a été établie (*voir* le § 35).

M. Vallée, dans son livre, a insisté pour avoir de Paris à Creil, une ligne qui, passant par Marly-la-Ville, aurait été plus courte de 19 kilomètres que celle qui se détourne par Pontoise. C'était d'un intérêt national important, mais cette dernière étant d'une exécution plus facile a été préférée.

Le choix de la station de Paris était aussi d'une grande importance. M. Vallée présentait une ligne traversant Paris par l'Hôtel-de-Ville et joignant les chemins du Nord avec ceux du Midi à la gare du chemin d'Orléans. Cette ligne permettait de mettre la station, soit au boulevard extérieur, soit à la rencontre de la rue Lafayette, soit sur le boulevard intérieur à l'endroit de l'Ambigu-Comique, soit à l'Hôtel-de-Ville.

M. Vallée (page 12 de l'*Exposé*) s'efforçait de montrer que l'on devait tout au moins se réserver tous les moyens possibles de traverser un jour la ville de Paris. Par là on aurait probablement évité les dépenses et les inconvénients du chemin de ceinture; mais on lui objectait qu'il fallait un immense abattis de maisons sur la ligne droite du carrefour des rues Saint-Martin et Lafayette à la place de l'Hôtel-de-Ville. Ses idées ne furent pas goûtées. On était loin, à cette époque, de décider les questions au point de vue national; et on ne se figurait guère que le prolongement de la rue de Rivoli, avec la circulation considérable qu'elle présente aujourd'hui, viendrait prouver qu'un grand et utile abattis de maisons n'est quelquefois dans une immense affaire, comme le réseau des chemins de fer français, qu'une mesquine considération.

Les projets des tracés faits par les ingénieurs des ponts et chaussées ont été critiqués généralement quant à l'évaluation des dépenses. On peut voir, au § 81, que cette objection ne peut nullement s'appliquer au travail de M. Vallée; car, ayant montré qu'il était impossible de prévoir toutes les hypothèses qui pouvaient se présenter quant à l'exécution, il a cru ne devoir donner qu'une évaluation, aux prix d'exécution du moment, laquelle, comme il l'a dit (page 106), serait dépassée dans tous les cas.

On ajoutera ici que, sous beaucoup de rapports, l'Exposé *des études* de M. Vallée est devenu un livre d'enseignement pour les études à faire.

7°. *Projet de réservoir à exécuter au moyen du lac de Genève pour l'alimentation du Rhône.*

Ce projet est décrit au chap. V de l'ouvrage de M. Vallée sur le *Rhône et le lac de Genève.* Les eaux que le lac donnerait au Rhône reviendraient annuellement au prix excessivement faible de cinq millionnièmes de franc par mètre (*voir* la note VII, page 258), et la création du réservoir présenterait les avantages suivants (*voir* chap. VIII) :

1°. Un abaissement des hautes eaux du Léman utile au Valais, au pays de Vaud et à la Savoie;

2°. Une navigation meilleure du lac;

3°. Des embellissements et des améliorations souhaitables pour Genève;

4°. Des inondations moins désastreuses dans la vallée du Rhône;

5°. Une navigation beaucoup meilleure de ce fleuve.

Ces faits ayant été justifiés par M. Vallée, il fut chargé, sous le ministère de M. le comte Jaubert, d'aller en Suisse, où, avec les recommandations adressées à l'ambassadeur français, il devait s'occuper d'une transaction à arrêter entre les cantons limitrophes du lac. C'était à la fin de 1840. Mais le parti protestant à Genève s'effrayant de tout contact avec les intérêts français, M. Vallée, qui complétait les documents dont il avait besoin, reçut l'ordre de revenir immédiatement à Paris. Cet ordre avait été concerté à Saint-Cloud entre le roi et le ministre. La question fut tranchée en vue des rivalités politiques.

Selon le droit public et l'équité, on ne doit pas exécuter sur un cours d'eau des ouvrages nuisibles aux voisins supérieurs et inférieurs. Or, par la construction d'un barrage, d'une machine hydraulique, etc., Genève enfreint ce principe; il semble donc que cette ville ayant intérêt à l'exécution du projet proposé, l'accord pouvait s'obtenir par les simples règles de la justice et du bon voisinage, règles d'après lesquelles les gouvernements doivent concourir de leur mieux au bien-être général.

Depuis lors, M. Vallée a publié son ouvrage sur le Rhône; toutefois l'idée du réservoir du Léman n'a pu se reproduire utilement. Cependant les circonstances aujourd'hui seraient plus favorables, parce que les fortifications de Genève sont démolies, ce qui a dû augmenter la population catholique et diminuer l'influence protestante, et parce que les progrès de la civilisation européenne tendent à faire taire les intérêts égoistes qui dominaient. D'un autre côté, le chemin de fer qui s'exécute de la France à Genève établit entre les deux pays de nouveaux liens d'amitié; il décide négativement la question de navigation du Rhône, et il facilite probablement une reprise de négociations qui pourrait avoir à peu de frais d'excellents résultats.

IV. — GRADES OBTENUS.

Élève de l'École Polytechnique de 1800 à 1803.

Élève ingénieur (1803-1806). Premier prix du concours de routes; premier prix de mécanique. Missions : auprès de M. de Prony, pour les opérations graphiques et les calculs relatifs à la *Théorie physico-mathématique des eaux courantes*; à Paris, pour les ponts à bascule; au canal latéral à la Loire, dont on faisait alors les premiers projets; puis à Cherbourg, pour les travaux de fondation de l'avant-port, des môles et de la digue.

Aspirant (1807) dans Maine-et-Loire. Projets des Boulevards d'Angers, etc.

Ingénieur ordinaire, 1° dans le Nord (1808 et 1809) : navigation de la Scarpe et du canal de la Haute-Deule; desséchement de la vallée de la Scarpe; projets du canal de la Sensée (tracé de niveau; tracé exécuté depuis, l'un et l'autre proposés par M. Vallée), etc. ; 2° dans l'Aisne (1810 et 1811) : construction des ponts de Berry-au-Bac et de Marle ; projets de navigation de l'Aisne, etc. ; 3° dans Seine-et-Oise (1812-1818) ; 4° dans le Nord (1819-1821) : projets définitifs du canal de la Sensée ; exécution de ce canal ; sas, quais, ponts tournants et autres travaux sur la Scarpe dans Douai, etc.

Ingénieur en chef. Missions relatives au canal de la Somme et au canal des Ardennes (1822-1824) ; rédaction des projets généraux de navigation de la Meuse, depuis Pagney jusqu'à la Belgique, et de l'Aisne, depuis Neufchâtel jusqu'à l'Oise (1822-1824) ; direction du canal du Centre (1825-1832) ; tracés des chemins de fer du Nord (1833-1839) ; missions en Angleterre (1833 et 1836) et missions en Belgique (1835 et 1837).

Ingénieur en chef Directeur en 1837.

Inspecteur divisionnaire adjoint en 1839.

Inspecteur divisionnaire en 1839.

Inspecteur général le 1er avril 1848.

En retraite, comme inspecteur général, le 1er mai 1851.

La durée de ces occupations a été de cinquante années, dont quarante-sept de services non interrompus dans les Ponts et Chaussées.

V. — CONCLUSIONS.

C'est par le professorat qu'on s'acquiert ordinairement des droits aux justes prédilections de MM. les Académiciens. M. Vallée, bien que partout il ait enseigné, n'a rien fait dans ce genre qui milite en sa faveur. Mais la science est faite pour qu'on l'applique, et il est un de ceux qui, dans une longue carrière, l'ont constamment appliquée à des questions nombreuses et utiles. De plus, il l'a sans cesse perfectionnée.

En laissant de côté les ouvrages qui lui sont dus et qui ont fait avancer la géométrie, pour considérer exclusivement ses recherches sur la vision, on voit que, loin de se dire que sur une question où, depuis Kepler, les mathématiciens les plus illustres n'avaient abouti qu'à produire un chaos de vues diverses dans lequel le vrai et le faux ne se distinguaient nullement, on ne pouvait rien trouver, il a compris que l'avenir de la théorie de l'œil tenait à la géométrie et méritait de sérieuses recherches. Il avait toutefois à combattre sur sa route les graves autorités de Young et de M. Arago, puis celle de M. Sturm; mais il croyait que de tels obstacles se vaincraient sans difficulté à force de travail et en procédant avec toutes les convenances et tout le respect que méritaient ces autorités. S'il n'en a pas été tout à fait ainsi, la faute ne doit pas lui en être imputée.

Abordant les questions par le côté des calculs, il a de fait restreint le champ des discussions; il a montré la fausseté des idées de Young et le peu de valeur de celles de M. Sturm. Puis, poursuivant imperturbablement sa tâche et consultant sans cesse l'expérience et la géométrie, il a lui-même rectifié sa route par la discussion des optoïdes; il a été conduit ainsi à porter ses recherches d'un autre côté. Il a trouvé les théorèmes de catoptrique énoncés plus haut; il en a conclu la propriété importante de la cornée de s'adapter optoïdalement aux besoins de la vision du point vu (Second Mémoire du tome XII du *Recueil des Savants Étrangers*), ce qui a complété la théorie des images réfléchies et réfractées. De là, les vues nouvelles de l'auteur sur l'achromatisme, qui s'exerce par quatre moyens, dont un seul était connu, sur l'étroitesse des pinceaux dans la vision oblique à l'axe, sur la vision myope et presbyte des animaux qui voient de côté, sur celle des noctambules, sur l'objet du peigne des oiseaux, sur celui des protubérances iriennes du cheval et des animaux à sabot, sur l'irradiation, sur la scintillation, sur l'insuffisance ou la fausseté des théories connues, etc., etc.

De ces recherches de M. Vallée, il résulte que l'œil n'est pas, comme certains faits semblaient l'indiquer, une espèce de lunette, mais un instrument d'optique tout particulier, fondé sur des propriétés de la géométrie la plus élevée, inimitable par les procédés actuels de l'art, et qui subit des modifications continuelles sans que, dans le cours normal de ses variations, sa perfection soit altérée.

Mais, cet organe ne pouvant être parfaitement compris que par les personnes qui allient des connaissances peu communes de physique, de géométrie et de physiologie, beaucoup de lecteurs ne peuvent en prendre qu'une connaissance superficielle. Serait-ce une raison de croire que le travail de M. Vallée soit peu digne d'attention? Non, sans doute. Les travaux des médecins, depuis Gallien, et des géomètres, depuis Kepler, protestent contre cette opinion. Plus il était difficile de comprendre l'œil, plus son organisation est surprenante, et plus on doit se féliciter que, en associant des sciences très-différentes, on les ait fait concourir à l'explication d'un des plus beaux problèmes qui frappent les hommes, et d'un des organes qui, pour fonctionner, fait le plus d'emprunts aux sciences.

Au moyen de cette Notice, l'Académie appréciera des efforts qui demandaient beaucoup de sacrifices et un grand dévouement. Elle a désiré souvent qu'un ingénieur des Ponts et Chaussées au courant des travaux publics, tels qu'ils sont aujourd'hui, fût admis dans son sein; elle jugera du poids, en faveur de M. Vallée, que peut avoir cette considération dans l'élection dont elle s'occupe.

PARIS. — IMPRIMERIE DE MALLET-BACHELIER, RUE DU JARDINET, 12.

PARIS. — IMPRIMERIE DE MALLET-BACHELIER,

RUE DU JARDINET, 12.